COMMENT ON FAIT

DES

RÉVOLUTIONS.

PAR

M. ALEXIS DE JUSSIEU.

Fata viam invenient.

VIRGILE.

PRIX : CINQ SOUS.

PARIS

CHEZ LES MARCHANDS DE NOUVEAUTÉS

1827

AVERTISSEMENT.

J'ESSAIE de dire quelques vérités, seul tribut que je puisse offrir à mon pays dans ses malheurs. J'espère qu'il ne lui sera pas inutile, puisque c'est surtout la vérité que ses ennemis redoutent. D'autres viendront après moi dans le même but. Moi-même je reparaîtrai plus d'une fois sur la brèche. Je ne sais si nos efforts obtiendront quelques succès; mais ce dont je suis sûr, c'est que ni moi, ni les écrivains qui se sont associés pour la défense des libertés publiques, ne se lasseront les premiers dans cette lutte.

M. le vicomte de Châteaubriand m'a rendu le service d'annoncer cet écrit, dans une brochure dont vingt mille exemplaires se sont répandus en deux jours, bien qu'aucun journal n'ait eu la permission d'en parler. Je rends au Public le service de lui annoncer à mon tour que M. Kératry ne tardera pas à paraître dans la lice. A peine remis des fatigues d'un procès où il a conquis tant d'honneur pour lui-même et tant de honte pour le ministère, cet honorable et courageux citoyen va reprendre la plume. Il m'a autorisé à l'engager ainsi auprès du Public.

COMMENT ON FAIT

DES

RÉVOLUTIONS.

Paris, le 5 juillet 1827.

La censure est rétablie. Elle l'est sous le même prince qui fut populaire au premier jour de son règne pour l'avoir révoquée. Elle l'est sous les mêmes ministres qui semblent avoir pris à tâche de détruire cette popularité, et de faire régner le silence sur les pas de leur maître.

Cet événement n'étonne point; on l'attendait; le bon sens public avait trop bien jugé le système du ministère pour ne pas comprendre que la censure était un de ses besoins. Nos hommes d'État peuvent avoir assez de har—

diesse pour tenter le renversement des institutions en présence même de la publicité, quand elle existe forcément; ils peuvent braver, sans en prendre trop de souci, les arrêts de l'opinion, quand ils sont inévitables; mais cependant, pour de tels projets, le silence est plus commode, et on devait y avoir recours, dès qu'il serait possible de l'imposer.

Depuis quelque temps l'Opposition s'était fait jour de toute part. Elle avait amené sur le premier plan de la scène politique deux corps immenses dans l'État, la pairie et la magistrature; les écrivains combattaient derrière eux. Justice est faite de ceux-ci, le procès des autres reste à faire. Ce sera de nouvelles pages dans notre histoire, de nouvelles phases dans une révolution dont les premières causes sont déjà loin de nous, révolution qu'on refusait encore de reconnaître quand elle grandissait de jour en jour, mais qui a pris son cours depuis plusieurs mois et qu'on peut regarder dès à présent comme en pleine activité.

On verra comment. Mais disons d'abord quelques mots de la mesure qui amène les écrivains de l'Opposition sur un nouveau terrain. Il importe de connaître l'atmosphère dans laquelle nous allons vivre.

Au moment où l'on enchaînait la presse périodique, le persifflage était de rigueur. Il a tant de dignité ! Il sied si bien à ces hommes et à leurs œuvres ! Toutefois ne pouvait-on trouver rien de mieux que le ridicule récent et épuisé de la loi d'amour ? On nous annonce presque officiellement que cette censure sera douce et paternelle, qu'elle se bornera à effacer quelques injures, qu'elle ne se refusera à aucune discussion sage et mesurée , qu'elle s'efforcera même d'élever la polémique du

journalisme à la dignité des débats parlemen-
taires. Certes, en eût-on le projet, il est dou-
teux qu'on fût assez maître de soi, pour con-
descendre long-temps à de perfides ménage-
mens. Mais en vérité, à qui prétendrait-on
faire croire que c'est dans quelques intérêts
de politesse, que c'est pour résoudre quelques
questions d'urbanité, que trois ministres, les
plus impolis de la terre, sont venus se heurter
une dernière fois contre l'opinion publique,
et que c'est pour donner de la dignité à quelque chose qu'on fait choix de M. De Liége et
de M. Lourdoueix.

Non, il n'y a rien de nouveau dans tout
ceci, et il est trop tard pour essayer de nous
tromper encore avec des mots. La censure a
été rétablie dans le même but pour lequel elle
avait été créée; autrement on n'eût jamais songé
à la rétablir. Elle sera telle qu'elle était naguère, telle que nous l'avons tous connue;
car on ne pense pas sans doute que le minis-

tère ait voulu une censure oisive et inutile à ses desseins.

On pourra donc se livrer de temps à autre à une sorte de discussion, énoncer quelques faits insignifians, publier peut-être quelques nouvelles venues de l'étranger, jouir en un mot d'une liberté apparente. Mais que ces nouvelles apportent le récit de quelque violation insolente de notre territoire, qu'elles découvrent les misères de notre diplomatie, ou fassent retentir les paroles d'un puissant voisin qui prendrait notre gouvernement en pitié, et la censure saura bien épargner à la France au moins la douleur de les lire. Que des citoyens soient victimes des méprises de l'autorité ou de ses violences, qu'ils soient atteints par l'arbitraire dans leurs personnes ou dans leurs droits, et l'on verra si de tels faits peuvent arriver à la connaissance du Public!

Au surplus on peut en juger dès aujourd'hui.

La première feuille du *Courrier Français* qui ait été soumise à la censure, publiait une lettre d'un scrutateur du collége électoral où vient d'être nommé M. La Fayette. Pendant que quelques optimistes admiraient déjà l'esprit de tolérance qui avait permis cette publication [1], les censeurs étonnés demandaient compte au journaliste de sa hardiesse. Quoi donc ! avait-il enfreint l'ordre fatal ? Non, c'était la censure qui avait apposé son *visa* par erreur. Eh bien, cette lettre qu'on eût voulu supprimer, que contenait-elle ? des injures ? Nullement ; mais un fait grave, qu'il n'importait pas moins à la France de connaître qu'au ministère de cacher ; c'est que trente noms honorables, portés sur la première liste de ce collége électoral, et qui presque tous appartenaient à d'anciens électeurs, ont été retranchés au dernier moment ; c'est en outre, que cinquante ou soixante jeunes électeurs,

[1] Un journal ministériel en tirait même son meilleur argument ; on voit ce qu'il valait.

qui paraissaient pour la première fois, n'ont pu parvenir à se faire admettre sur les mêmes listes : violation criminelle de droits sacrés, mais excellent moyen du reste, et le seul, en effet, de s'opposer à cet envahissement des générations nouvelles, que les statistiques de M. Dupin venaient de signaler.

Le jour suivant, la censure , plus attentive, retranchait de ce journal ces simples mots :

« M. le comte de Montlosier s'occupe en ce » moment d'un nouvel écrit politique. »

Puis ceux-ci :

« Il paraîtra à la fin de la semaine une bro— » chure de M. de Châteaubriand. »

Cette brochure a paru, il n'a été permis à aucun journal de l'annoncer. Mais, au moment où j'écris, l'édition s'écoule par milliers.

Dans un article de la même feuille, où l'on rendait compte d'un ouvrage politique, la commission souveraine faisait disparaître avec un soin particulier tout ce qui pouvait être personnel à M. de Metternich, le grand diplomate des jésuites; mais, moins jalouse de l'honneur d'un savant français que de celui du ministre étranger, elle ne permettait pas d'annoncer à la France et à l'Europe que M. Cuvier avait refusé d'appartenir au conseil de censure.

Ainsi encore l'impitoyable supprimait ces lignes :

« MM. Caix, Rio, Fouquet ont donné leur
» démission et se sont abstenus de siéger avec
» les censeurs. »

Et si je suis bien informé, une protestation directe de l'un de ces diffamés, M. Rio, présentée par la *Quotidienne*, était rejetée de la même manière, par la même puissance.

C'est à peine croyable, mais cela est. Non, je ne sache pas de persécution plus révoltante, ni d'acte plus contraire à la probité. Quoi donc! des hommes se sentent, à tort ou à raison, offensés publiquement dans leur honneur, et vous ne leur permettez pas de repousser publiquement l'offense! Selon eux, et selon nous aussi, leurs noms sont compromis de la manière la plus cruelle, livrés à la honte, associés, sous les yeux du Public pendant des jours entiers, à des noms que ce Public méprise, et il leur est interdit de démentir une solidarité odieuse! En vérité, il y a là quelque chose du supplice de Magallon.

Et l'on persévère avec obstination dans ce déni d'honneur. Aujourd'hui même, au moment de livrer cet écrit à l'impression, j'apprends que la censure vient de supprimer quelques lignes dans la défense de M. Kératry [1].

' Il serait curieux de connaître les discussions qui ont

Ce sont celles-ci, il s'agissait du magistrat-censeur :

eu lieu dans le sein de la commission de censure au sujet de cette défense judiciaire. La délibération a été fort longue et s'est terminée très-tard, pour la plus grande commodité du journal qui avait un double supplément à imprimer. Fallait-il, ne fallait-il pas publier ce discours ? D'un côté c'était laisser arriver d'éloquentes vérités jusqu'au Public, de l'autre c'était mécontenter les magistrats. D'après les *on dit* de ce conseil, c'est cette considération qui l'a emporté. La censure a peut-être aussi la prétention de demander quelque jour des *services* à la magistrature.

Il est fort difficile au surplus de savoir ce qui se passe et se dit dans ce tripot. Les garçons de journaux qui attendent les épreuves n'ont pas la permission de se promener dans la cour sur laquelle donnent les fenêtres de la salle d'assemblée ; il pourrait arriver jusqu'à eux quelque parole.

On rapporte aussi un fait qui mérite une mention. Des fiacres et des gendarmes viennent tous les soirs chercher ces Messieurs et les reconduisent jusque dans leurs hôtels. Ce n'est sans doute qu'une garde d'honneur. Il serait trop dur d'en être réduit à de pareilles précautions parmi ses concitoyens.

« Pourquoi même ne pas croire qu'à l'exem-
» ple d'un savant célèbre en Europe et de
» deux estimables professeurs d'histoire , il
» aura compris que faire taire n'est pas répon-
» dre, et qu'attenter aux droits d'une nation,
» c'est en démériter? »

L'ordre est sévère contre les démissionnai-
res. On se flatte de les lasser, on leur impose
la honte afin de les réduire à l'accepter, et que
tout flétris ils consentent enfin à siéger avec
leurs collègues.

Qu'on apprécie maintenant les douces pro-
messes du journal officiel. De tels faits sont plus
sincères que ses paroles : ils donnent la véritable mesure de la liberté qu'on nous réserve;
notre honneur même ne sera plus à nous. La
nouvelle censure n'a que quelques jours d'existence : de quels actes elle est déjà coupable !
Et ce sont de pareilles turpitudes qu'on s'est
flatté de dissimuler en jetant sur elles la robe

d'un magistrat et le manteau de la pairie! Ce n'était donc pas assez de l'avoir une fois déjà traîné dans la boue? Mais alors, du moins, ce n'était pas du consentement de celui qui en avait été revêtu.

Je ne voulais dire que quelques mots, et j'ai écrit plusieurs pages; mais laissons maintenant de côté toutes ces misères; la probité publique suffira bien pour faire justice des hommes et des choses. Et puisque les organes habituels de l'opinion sont captifs, tâchons de suppléer à leur silence; usons de la liberté qui survit, continuons leur œuvre. Dans de telles circonstances, c'est un devoir, même pour les plus inhabiles, de se faire écrivains. Puisqu'il reste une voie ouverte à la vérité, que la vérité soit dite !

Je ne parle pas de certaines vérités devenues oiseuses et qu'il faut dédaigner d'établir.

A quoi bon examiner si le cas prévu par la loi pour le rétablissement de la censure est ou n'est pas arrivé, si des circonstances graves sont venues la couvrir d'une sorte de légitimité? Il est bien convenu, ce me semble, que les ministres n'ont songé qu'à eux dans cette affaire, et il y aurait aussi trop de simplicité à discuter sérieusement s'ils n'auraient pas en cela méconnu l'esprit ou le vœu de quelque loi. Qui donc aurions-nous à convaincre ?

Plût au ciel qu'il s'agît encore de la légalité des actes du ministère ! Mais, je le dis avec la conviction que tous les hommes de bonne foi en tomberont d'accord, la question n'est plus là pour la France; elle est tout entière dans les conséquences dont ces actes nous menacent de toute part. Nous avons fait ce pas de plus. Et ces conséquences, quelles sont-elles? Des agitations, des secousses; tranchons le mot, une révolution..... Je ne vois pas pourquoi je craindrais de dire ce que tout le monde pense.

Ce mot menaçant n'est peut-être pas dans toutes les bouches, mais il est au fond de toutes les consciences. Il se retrouve également dans les résolutions de l'autorité et dans les démarches de l'Opposition ; dans les rêves des uns comme dans les craintes des autres. Vous n'expliqueriez pas autrement ces changemens si remarquables de l'opinion, qui n'envoient plus que des protestations énergiques du sein des villes appelées naguère les cités royalistes, accusées aujourd'hui d'être infidèles à la monarchie, par l'étrange raison qu'elles ne veulent pas le renversement de ses lois.

Que s'est-il donc passé? rien qui ne dût arriver avec le temps. Il a mis le fond des choses à nu, voilà tout. On pouvait s'abuser sur les causes, on ne le peut sur les effets. Ils sont visibles, ils parlent aux sens, et il ne faut pas une merveilleuse sagacité pour y voir ce qu'ils contiennent.

Des institutions faussées, détournées de leur véritable but, sans harmonie entre elles, éparses, pour ainsi dire; des élémens disjoints, des ressorts à demi-brisés, voilà la France.

Nous avons une Chambre populaire, tel est du moins le caractère que la constitution du pays lui assigne; mais composée uniquement dans des intérêts ministériels, elle en partage la défaveur. Isolée au milieu de l'État, elle est sans rapport avec le peuple qu'elle doit représenter, sans rapport avec l'autre Chambre législative, avec laquelle cependant elle doit concourir à la formation de nos lois. Si elle remplit une mission, ce n'est pas celle que la loi fondamentale lui impose; elle est ce qu'on voudra, mais elle n'est pas la représentation nationale que la Charte a voulue.

Nous avons une Chambre héréditaire, réunion brillante d'esprits puissans et éclairés. Le ministère descendait trop bas pour entraîner ce corps imposant avec lui ; ils se sont séparés. Mais, fidèle aux libertés publiques, la pairie s'est trouvée à son tour un pouvoir isolé dans l'État.

De son côté, le gouvernement ne voit dans l'une qu'un instrument qu'il brisera le premier jour où il y trouvera son intérêt ; dans l'autre, qu'un obstacle dont il cherche dès à présent les moyens de se débarrasser. Il agit tour à tour sans elles ou malgré elles.

Et, au milieu de cette désunion de tous les pouvoirs fondamentaux, nulle intelligence assez supérieure pour s'emparer de la direction des affaires, nulle main capable de rétablir l'ensemble et l'harmonie dans l'État !

Seulement, en présence de cette machine à moitié désorganisée, et dont tous les ressorts semblent détachés les uns des autres, il faut placer une nation tout entière jalouse d'être mieux gouvernée, des générations nouvelles, fermement résolues à être libres, grandissant chaque jour, touchant déjà aux premiers droits politiques, et qui seront d'âge bientôt à toucher au pouvoir.

Au-delà, personne ne sait rien. Mais, dès à présent, la position est grave, inquiétante. Je voudrais qu'on me montrât l'homme qui, n'étant aveuglé ni par ses intérêts, ni par ses passions, prend confiance dans ce qui existe. Quant à moi, je vois que tout se désunit et chancelle.

Si encore il était possible de s'arrêter à ce triste *statu quo* de notre état social, les hommes qui ne tiennent pas à l'honneur de leur pays pourraient s'en contenter ; mais *il faut marcher, il faut courir ;* aucune puissance humaine ne peut suspendre le cours des événemens, et avec la direction qui leur a été donnée, ils nous pousseront de plus en plus vers une catastrophe ; car les événemens ont une marche logique, et souvent nous prêtons de vastes systèmes à des hommes qui n'ont fait qu'être entraînés à leur insu par un ordre de choses dans lequel ils s'étaient engagés sans le prévoir.

Tels sont sans doute ceux que nous voyons précipiter aujourd'hui dans une révolution nouvelle un pays qui, dans aucun temps, ne s'est montré plus ami de la paix intérieure, où jamais il n'y a eu, du fait de la société, moins d'élémens de désordre, moins de dispositions dangereuses, plus de respect pour les lois, plus de sagesse et de régularité dans les habitudes. L'incapacité de ces hommes nous a fait plus de mal encore que leur perversité. Du reste, plus que tous leurs devanciers, ils se sont placés dans l'histoire ; ils y paraîtront comme les représentans des fautes de notre époque ; ils y trouveront la plus triste de toutes les célébrités, celle des hommes qui perdent les États par leur obstination et leur aveuglement.

Et ce ne sont pas seulement quelques esprits inquiets qui regardent comme péril-
leuse, comme pouvant devenir chaque jour
plus critique et plus grave, la position dans
laquelle une administration coupable a jeté
notre pays. Ainsi jugent les hommes d'État
les plus habiles du dehors. Ils vous l'ont dit
d'assez haut : nos mécontentemens sont comp-
tés parmi leurs ressources. Telle est aussi la
triste conviction des amis les plus dévoués de
la monarchie, des serviteurs les plus atta-
chés aux princes de la maison de Bourbon.
L'un vous dit avec douleur dans une pétition
fameuse : « Des millions de Français fidèles
» n'ont pu préserver Louis XVI du sort de
» Charles Iᵉʳ, tant était forte alors l'impulsion
» donnée aux opinions populaires ; avec celle
» qui est donnée aujourd'hui aux opinions
» religieuses, des millions de Français fidèles
» parviendront-ils à préserver la France des
» événemens de Jacques II ? » Ailleurs une
voix éloquente s'écrie que si l'on fait un pas

de plus dans de tels systèmes, le premier Hampden qui se croira le droit de refuser l'impôt, va mettre le feu aux quatre coins de la France.

J'ouvre une brochure qui parcourt la France en ce moment, et j'y lis ces mots tracés par une main royaliste :

« Il n'est plus temps de se le dissimuler : la
» marche que suit le ministère peut conduire
» à une catastrophe. Se suspendre aux parois
» des abîmes est chose possible, mais il faut
» finir par y tomber. »

Ceux-ci suivent de près :

« Les partisans de l'usurpation ou de la
» république, s'il en est encore, se réjouis-
» sent de ce qu'ils voient. »

Un écrivain courageux s'écrie que la première conséquence de tant de fautes, c'est la désaffection envers le Prince : on se hâte de poursuivre l'écrivain ; les magistrats se hâtent de l'absoudre. On n'est jamais séditieux quand on avertit le pouvoir à temps et à propos.

Que serait-ce si je comptais ici combien de fois ces mots : *Le ministère ébranle la monarchie !* ont été prononcés dans nos débats légistatifs avec l'accent de la conviction la plus profonde et de la plus sincère douleur ; on en serait effrayé.

Et ne traitez pas ces hommes de factieux ! La reine Anne d'Autriche disait aussi au cardinal de Retz, qui lui prédisait un mouvement populaire : « Il y a de la révolte à sup- » poser qu'on puisse se révolter ; ce sont là les » contes ridicules de ceux qui la veulent ; l'au- » torité du Roi y mettra bon ordre. » Mais peu de temps après c'était la Fronde ; mal- heur à nous si nous cessions de chercher le bon ordre ailleurs que dans les lois, et si nous n'attendions plus le repos que des coups d'autorité!

Des coups d'autorité! il en a été essayé un parmi nous; on assure que les courtisans y ont applaudi avec transport, qu'ils se sont écriés que c'était le premier pas du Roi vers son trône.... Hélas! que faut-il attendre de ces joies insensées?

Fâcheuse situation de la France! les conséquences n'en échappent à personne, et le sentiment du danger est partout.

La magistrature eût-elle compté parmi ses devoirs celui de veiller sur les libertés politiques, et de servir de barrière aux envahissemens du pouvoir, dans tout ce qui ressortait d'elle, si elle n'eût pas eu la conscience des périls auxquels on exposait la monarchie?

Tout Paris se fût-il illuminé spontanément lors du retrait d'un projet de loi fameux, si l'inquiétude n'eût pas pénétré sous tous les toits?

. La garde nationale, défilant sous les yeux du Prince, eût-elle fait entendre un cri accusateur contre les ministres, si elle n'eût partagé les ressentimens du pays pour le passé, et ses alarmes pour l'avenir?

On a licencié trente mille citoyens pour avoir crié : *A bas les ministres!* Ces trente mille citoyens murmurent maintenant les mêmes paroles dans leurs foyers.

Ainsi, ce ne sont pas seulement des individus, ce sont des corps, ce sont des masses qui font de l'opposition! Qu'on daigne donc un peu y songer.

De jour en jour la question devient plus

précise. C'est une question d'existence entre la nation et le pouvoir : *To be or not to be;* c'est la question qui s'agite dans presque toutes les révolutions.

La faction qui nous domine l'a bien senti. Nous nous en souvenons, son premier système était celui des calculs machiavéliques et des violences hypocrites. Mais, hormis la justice et la vérité, tout s'use, et un jour ce système se trouva épuisé, décrédité, fini; la conscience publique l'avait vaincu. Pour conserver le pouvoir, il ne restait plus qu'une ressource, c'était d'obéir à la loi qui pousse les factions en avant, de faire un pas de plus et d'entrer ouvertement dans les voies de la tyrannie. Le ministère a fait ce pas fatal. Il a jeté les yeux sur son or et ses armes; il s'est rempli de confiance, et il a résolu d'être le maître par la force.

Quoi donc! vous vous êtes mis en hostilité contre toutes les lois, en lutte avec l'opinion;

vous avez détaché de vous tous vos appuis : pour
gouverner, il ne vous reste plus que l'argent
et la force, et vous prétendez gouverner encore ! Il ne m'en faut pas davantage pour déclarer que vous êtes un pouvoir révolutionnaire.

Étranges hommes d'Etat ! depuis que nous
les voyons agir, ils n'ont réussi qu'à nous convaincre de leur propre faiblesse ; ils nous ont
laissé acquérir l'expérience et la preuve de
notre supériorité par le développement d'une
civilisation qui a vaincu tous leurs efforts , et
ils songent à faire de la tyrannie !

L'argent et la force ! Mais si jamais ces ressources allaient manquer ! si des déficit dans
les finances ! si des mécontentemens ailleurs !
Êtes-vous sûrs seulement que des citoyens no-
tables, influens, plus puissans que vous parmi
leurs concitoyens, ne vous refusent pas un
jour l'impôt qu'une Chambre aurait voté au-
delà de sa durée constitutionnelle ? Vos armées

vous garantissent l'intégrité de l'honneur na-
tional et l'indépendance du pays; mais savez-
vous si vous obtiendriez d'elles d'autres services; et si vous les demandiez sans les obtenir,
que serait-ce de vous?

J'écris ceci parce que dans la société tout
entière circule la crainte d'un coup d'État
général contre nos institutions, que depuis
que la presse est enchaînée, les bruits les
plus étranges trouvent crédit, et qu'il est
bon d'en avertir le pouvoir.

Je n'ajouterai qu'un mot. Tant qu'on gou-
verne avec un faux système, on peut revenir
à des idées plus sages; mais quand on a
rompu avec tous les corps constitués d'un
État pour se réfugier dans la force, il n'y a
plus de retour possible. Alors les révolutions
sont commencées.

Voilà comment une administration perverse,

incapable, téméraire, a placé la France sur le bord d'un abîme. Mais ce qui n'est pas moins grave, c'est qu'il est mille événemens imprévus qui peuvent l'y précipiter, tant sa situation est critique. Si la ruine de notre commerce venait à faire souffrir le peuple, si les rigueurs du ciel laissaient nos campagnes sans récoltes, nos villes sans pain, qui peut garantir que les mécontentemens populaires ne prendraient pas une direction dangereuse?

Et ce ne sont là que des combinaisons du hasard. Mais quand on ébranle les institutions d'un pays, quand on lui ôte toute confiance dans son gouvernement, on l'expose à des vicissitudes de plus d'un genre. Il y a des dangers qui paraissent bien loin de nous, mais les jours s'ajoutent aux jours, les années s'écoulent, et l'on a bientôt rejoint ces dangers dans l'avenir.

Il est permis sans doute d'invoquer auprès de la restauration sa propre expérience. Rappelons-nous nos fautes de 1814 et le facile événement qu'elles amenèrent. Il n'y a stabilité pour les États qu'autant qu'il y a confiance chez les peuples. Un gouvernement est bien faible, bien exposé, quand il a méconnu ouvertement ou fait mentir les lois chères à une nation : un ambitieux est bien fort quand il vient annoncer la restauration de ces lois. La cause du prince d'Orange fut gagnée le jour où, déployant son étendard sur le sol d'Angleterre, il y fit lire au peuple ces simples mots : *Je maintiendrai!*

Et c'est en présence d'un avenir aussi incertain, c'est lorsque la presse périodique était peut-être le moyen de salut le plus puissant contre les maux qui nous menacent, qu'on jette le voile épais de la censure sur les nouveaux projets du ministère! Mais la France sera plus forte qu'eux; l'esprit de civilisation l'emportera sur l'esprit de ténèbres; des jours meilleurs nous attendent : *Fata viam invenient.*

APPENDICE.

La censure n'a pas permis aux journaux qui rendaient compte des débats judiciaires, dans l'affaire de M. Kératry, de reproduire l'article incriminé. Cependant il faisait partie de ces débats; il en était même la pièce essentielle, puisqu'il était le corps du délit, et la Cour en avait entendu la lecture de la bouche même de M. le conseiller-rapporteur Dupeyrat. Ainsi, cet article, reconnu innocent par un jugement en dernier ressort, était encore coupable aux yeux de la censure. M. de Villèle en appelait de la Cour royale à M. Lourdoueix. Il pourra bien arriver quelque jour que les écrivains en appellent de M. Lourdoueix à la Cour royale; ils trouveront le moyen de traîner la commission de censure au grand jour d'une audience.

Je réimprime ici cet article en entier, parce qu'il est devenu une véritable pièce historique, et, qu'approuvé deux fois par la magistrature, il place M. de Villèle dans cette étrange position, que, s'il persiste maintenant à *rester l'organe du trône*, il aura, plus que jamais, *forfait à l'honneur.*

MENSONGE DE M. DE VILLÈLE.

« Quoiqu'on n'ignorât pas que le ministère voulait enlever aux Français la presse périodique, sans laquelle tout gouvernement représentatif est impossible, au moins il se retranchait derrière de fallacieuses dénégations; c'était une ombre de décence qu'il se ménageait. Aujourd'hui sa volonté n'est plus l'objet d'un doute. Ce n'est pas une dérogation transitoire de la Charte qu'il demande, c'est une infraction permanente qu'il a méditée. Réfractaire à son serment, il a donc oublié que le Prince a prêté le même serment! Il est doublement accusable pour ce seul fait; car s'il veut se parjurer, il n'a pas le droit de constituer dans un état de suspicion la loyauté et la bonne foi du pouvoir au nom duquel il parle. On sent de quelle conséquence serait l'impunité d'un pareil outrage à la majesté royale. Les Chambres sont intéressées à le repousser. Celle des députés n'aurait qu'un parti à prendre : ce serait de déclarer qu'elle ne vote pas sur une loi conçue, combinée, proposée avec l'intention de violer le pacte juré aux pieds des autels. Elle devrait se montrer encore plus sévère, car jamais la responsabilité des officiers de la couronne n'a été plus compromise; jamais trahison ne fut aussi patente ! Que la Chambre accomplisse cet acte de justice ou non, la loi qu'elle délibère maintenant a reçu le coup de la mort, et c'est de la main de M. le président du conseil qu'il est parti! M. de Villèle déclarant, dans le huitième bureau, devant ses collègues, que l'effet inévitable et par conséquent le but du projet, est d'anéantir tous les journaux, moins deux ou trois qu'il nomme ; M. de Villèle dépouillant ainsi les citoyens de leurs libertés et de leurs propriétés; M. de Villèle interpellé sur ce fait par M. de La Bourdonnaie; M. de Villèle mentant et convaincu de mensonge à la face de la France entière, ainsi que l'avait prédit M. Royer-Collard; M. de Villèle ne peut plus rester l'organe du trône sans l'avilir; car il a forfait à l'honneur par la présentation d'une loi destinée à dé-

lier frauduleusement au' moins une des parties contrac-
tantes du serment qui les unit; et l'honneur, nous l'es-
pérons, est encore quelque chose en France! Le ministère, dira-t-on, dans notre système de gouvernement,
demeure seul solidaire de la désaffection publique. Oui,
quand il s'en va. Quand il reste, non; et notre devoir
d'hommes de probité est d'en avertir le pouvoir. Car, s'il
est loisible aux individus d'adopter un QUAND MÊME, il n'en
est pas ainsi des peuples dont la première loi est de vivre.
Le projet tramé contre la liberté de la presse a donc péri de
la main de M. de Villèle! Il ne saurait plus être la ma-
tière d'une délibération. Plus tôt la couronne le retirera,
plus tôt la couronne sortira de la situation fâcheuse où
des hommes audacieux viennent de la précipiter. »

(*Extrait du Courrier français.*)

On rayait tout à l'heure une pièce de procédure, on
raye à présent les articles de la loi elle-même. Le numéro
185 du *Courrier français* contient l'article suivant :

« Par arrêt du 28 juin, rendu en assemblée de Chambres, la Cour de Colmar a renvoyé devant la Cour
d'assises du département du Bas-Rhin M. l'abbé Siffrid,
curé de Benfeld, accusé du crime prévu par les arti-
ticles 330, 331 et 332 du Code pénal. (Voir le *Courrier
français* des 11 et 20 juin.) Il est probable que l'accusé
sera jugé aux assises extraordinaires qui s'ouvriront à
Strasbourg, le 2 juillet, et qui seront présidées par M. le
conseiller Golbéry. »

On citait en note le texte de ces articles ; la censure

a supprimé la note. En les lisant, on comprendra suffi-
samment ses motifs.

« Art. 33o. Toute personne qui aura commis un outrage
public à la pudeur sera punie d'un emprisonnement de
trois mois à un an, et d'une amende de 16 à 200 fr.

» Art. 331. Quiconque aura commis le crime de viol ou
sera coupable de tout autre attentat à la pudeur, com-
sommé ou tenté avec violence contre des individus de
l'un ou de l'autre sexe, sera puni de la réclusion.

» Art. 332. Si le crime a été commis sur la personne
d'un enfant au-dessous de l'âge de quinze ans accomplis,
le coupable subira la peine des travaux forcés à temps. »

ANNONCES.

La Censure, scène historique, par MM. Méry et Barthélemy.
Brochure in-8. Prix :   1 fr. 5o c.

Les Petites Provinciales, par M. Bousquet (de l'Hérault),
avocat. Chez Mongie et Ledoux, boulevard des Italiens. Prix 75 c.
la livraison ; la deuxième est en vente.

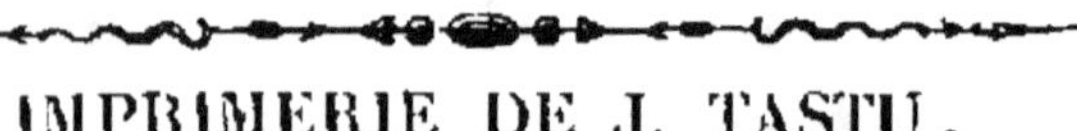

IMPRIMERIE DE J. TASTU,
RUE DE VAUGIRARD, N. 36.